Les amoureux

À Séverine, la maîtresse-fée du CP
qui apprend la magie de lire.
M.

www.flammarion-jeunesse.fr

Éditions Flammarion – 87, quai Panhard-et-Levassor – 75647 Paris Cedex 13
ISBN : 9782081481732 – N° d'édition : L.01EJEN001620.N001
Dépôt légal : mai 2019
Imprimé en Espagne par Liberdúplex – avril 2019
Loi n° 49-956 du 16 juillet 1949 sur les publications destinées à la jeunesse

Les amoureux

Texte de
Magdalena

Illustrations
d'**Emmanuel Ristord**

CASTOR POCHE

Notre classe de CP

Pour lire l'histoire, tourne la page !
Pour des activités autour de la lecture, va page 34 !

Ce matin, devant la classe,
Lou et Alice ont trouvé un petit mot par terre.
Il y a un cœur dessiné dessus.
Sous le cœur, Lou lit à voix haute :
« *Je t'aime.* »

« Oh, oh ! dit Lou,
il y a un amoureux dans la classe.
— Ou une amoureuse, rectifie Alice.
— On doit trouver qui a écrit le mot, dit Lou.
— Et pour qui est le mot » ajoute Alice.

lundi
mardi
mercredi
jeudi
vendredi
samedi
dimanche
Je t'aime.

En classe, Réda s'agite.
Il fouille partout :
il cherche le petit papier, il l'a perdu !

Réda dessine un beau cœur rouge
sur un nouveau petit papier.
Il ne voit même pas
que Lou et Alice l'observent.

« Regarde, dit Lou, c'est Réda l'amoureux.
— Mais alors, qui est son amoureuse ?
demande Alice.
— Moi, peut-être, répond Lou.
— Non, c'est sans doute moi, renchérit Alice.
— Chut, les pipelettes !
Gardez vos bavardages pour la récréation »
dit maîtresse Julie en faisant les gros yeux.

À la récré, Lou et Alice taquinent Réda.
Elles chantent et tournent autour de lui.
« Tu es amoureux, tralala, on le sait…
On t'a vu dessiner le cœur ! »

Réda devient tout rouge, il bafouille :
« Non, non, ce n'est pas moi…
– C'est pour moi le mot ? demande Alice.
– Ou pour moi ? » demande Lou.

Réda est embarrassé, il baisse la tête.

Les deux chipies racontent leur secret
à l'oreille de Selma, de Fatou,
de Léa et d'Ana.

Les filles regardent Réda,
elles ont un sourire au coin des lèvres.
Elles veulent toutes être l'amoureuse de Réda.
Il est toujours gentil et il écrit drôlement bien.

À la fin de la récré, Réda donne discrètement le papier à Noé.

Il lui chuchote :
« Voilà ton mot, mais Lou et Alice m'ont vu, et les filles croient que je suis amoureux.
— Merci, Réda, tu es super » répond Noé.

Aussitôt, il cache le mot dans la poche de son pantalon.

De retour en classe,
Noé sort le mot de sa poche, il le signe.
Puis, il attend que Mia, sa voisine, se retourne,
et, vite, vite, il glisse son mot
dans le cahier de Mia.

Alice et Lou observent Réda.
Réda regarde Noé.
Et Noé regarde Mia.

jeudi
endredi
samedi
dimanche

Quand Mia ouvre son cahier,
elle lit le mot et rougit.
Ensuite, elle sourit à Noé qui rougit aussi.

Alice et Lou ont tout vu :
elles ont tout compris.
Les amoureux sont Mia et Noé !

À la cantine,
Noé et Mia mangent à la même table.
Réda, le curieux, les rejoint,
Alice et Lou prennent
les deux dernières chaises
pour être à la même table que Réda.

Réda demande à Alice et Lou :
« Alors, qui c'est l'amoureux ?
– Ce n'est pas toi, dit Alice.
– Tu avais raison » ajoute Lou.

Du coup, les deux chipies boudent un peu, car elles sont déçues.

Noé et Mia papotent et rigolent.
Ils sont rouges comme des tomates.

Lou demande à Réda :
« Tu crois qu'il y a d'autres amoureux dans la classe ?
— Heu, je ne sais pas » répond Réda.

Lou et Alice se disputent.
« Réda sera mon amoureux, affirme Lou.
— Non, ce sera le mien » rétorque Alice.

En fin d'après-midi,
quand le travail est terminé,
Réda montre à Lou et Alice
comment dessiner des cœurs.
Des petits, des gros, des grands.

Réda dit à Lou et Alice :
« Fermez les yeux,
j'ai une surprise pour vous. »

Il a écrit sur la feuille :
« Je vous aime toutes les deux,
vous êtes mes meilleures copines.
Réda »

Je vous aime
toutes les deux,
vous êtes mes
meilleures copines
Réda

À la sortie, Lou et Alice marchent
bras dessus, bras dessous avec Réda.
Mia et Noé, les amoureux,
s'en vont main dans la main !

Je joue pour bien lire

1 **Trouve l'intrus :** quel mot ne contient pas le son **[eu]**.

amoureux

veulent

curieux

mieux

deux

main

un peu

yeux

Réponse : main.

2 **Choisis** le bon mot sous chaque dessin :
« **-s-** » ou « **-ss-** » ?

1.

a. La maître**ss**e
b. La maître**s**e

2.

a. La chai**ss**e
b. La chai**s**e

3.

a. Le de**ss**in
b. Le de**s**in

3 **Complète** les phrases avec les mots suivants.

cœur	table	papier	poche

1. Noé cache un petit papier dans sa ....

2. Noé donne un ...... à son amoureuse.

3. Réda dessine un ....

4. Noé et Mia mangent à la même ....

Réponses : 2) 1-a ; 2-b ; 3-a. **3)** 1. poche ; 2. papier ; 3. cœur ; 4. table.

Je joue pour bien comprendre

1 **Remets** les phrases dans l'ordre.

1. Noé glisse son mot dans le cahier de Mia.
2. Alice et Lou mangent avec Réda.
3. Mia et Noé se donnent la main.
4. Lou et Alice ont trouvé un petit mot par terre.

Réponse : 4, 1, 2, 3.

2 **Retrouve** qui a dit quoi.

1 Je suis amoureux de Mia.

2 Noé a mis un mot dans mon cahier.

3 Alice et Lou sont mes meilleures copines.

a. Réda

b. Mia

c. Noé

3 **Vrai ou faux ?**

1. Noé cache un mot dans le cahier de Mia.
2. Une fleur est dessinée sur le papier.
3. Noé et Mia mangent à la même table.
4. Réda dessine un cœur.

Réponses : 2) 1-c ; 2-b ; 3-a. **3)** 1. vrai ; 2. faux : une fleur = un cœur ; 3. vrai ; 4. vrai.

Retrouve les histoires de **Je suis en CP** pour t'accompagner tout au long de l'année.

1

C'est la rentrée !

Dispute à la récré

Le nouveau

C'est l'automne !

Alerte aux poux !

La fête à la cantine

Journée à la ferme

Un chien à l'école !

2

Jour de piscine

La remplaçante

Le bras cassé

Les anniversaires

Le lapin de la classe

Lou a deux maisons

Les toilettes de l'école

Noé a un secret

3

Les amoureux

La fête de l'école

La classe de mer

Chez les pompiers

La médaille d'or

Au centre aéré

Quelles histoires as-tu déjà lues ?
Quelle est ta préférée ?

Lesquelles aimerais-tu lire ?

Le blog !

Retrouve toute l'actualité de la collection,
les astuces de Magdalena et plein d'autres surprises,
sur **www.jesuisencp.fr**

Avec des conseils aux parents
et un coin spécialement dédié aux enseignants.

Découvre aussi

11 histoires pour toute l'année

Apprendre à vivre ensemble

Mes comptines à lire toute l'année

100 jeux pour les vacances

Une semaine à la mer

L'anglais du CP
5 titres parus

Les maths du CP
3 titres parus

Je m'amuse pour découvrir la lecture